AF263098

LA NOBLESSE

A TOUS LES FRANÇAIS!

PLUS DE PARTI LÉGITIMISTE!

LETTRE DE LA COUSINE MADELEINE

A SON COUSIN LE JOURNALISTE DE PARIS

PARIS

CASTEL, LIBRAIRE-ÉDITEUR

Passage de l'Opéra, galerie de l'Horloge, 21

1861

Paris. — Imp. PILLOY, boul. Pigalle, 50.

LETTRE

DE LA COUSINE MADELEINE

A SON COUSIN LE JOURNALISTE DE PARIS

Mon cher cousin,

> Il n'est pas qu'à Paris où l'on ait des idées... et la preuve
> Dans mon village... *je la treuve...*

Vingt-quatre pages d'attention, s'il te plaît, et tu seras de mon avis... du moins je l'espère.

J'ai pour voisin un digne et brave homme qui n'a plus dans le pays d'autre contemporain que le marronnier centenaire à l'ombre duquel je vais quelquefois l'été lui lire sa *gazette*.

C'est un superbe vieillard dont le temps semble avoir voulu nous conserver le témoignage, dans la crainte, sans doute, que l'histoire ne suffise pas à rendre croyables les incroyables événements qui ont fait comme un siècle à part de la fin du dernier siècle et du commencement de celui-ci...

Son grand âge, la netteté de ses souvenirs, sa facile causerie aux interminables récits (entre d'interminables parenthèses), lui ont à l'unanimité valu le nom de *père Nestor*; à cette différence près cependant avec le morose discoureur d'Homère, qu'il est moins sermoneur et moins louangeur du temps passé; — il y revient volontiers et rappelle, non sans plaisir, les joyeux horizons de sa folle jeunesse, mais il n'en fait jamais le texte d'un rapprochement au désavantage du présent, en quoi il se montre très-sage; — l'homme n'a pas cessé d'être pour lui l'animal *ondoyant et divers*, toujours le même, changeant d'habit, jamais de peau... Il n'a pu se faire pourtant à vos modes nouvelles qu'il trouve déplaisantes et non sans raison... son habit à la française, sa culotte aux boucles d'argent et son tricorne cadrent si bien avec son air, ses façons et son caractère... je ne dis pas avec ses opinions... elles *portent* sur l'amour de l'ordre, les principes de l'égalité et de la liberté. — Au demeurant, bon homme et d'un esprit assez original.

Je ne te surprendrai certainement pas en ajoutant qu'il aime à parler politique, un défaut de son âge... mais il lui sacrifie avec tant de profit pour ses contradicteurs, qu'il ne me déplaît point quelquefois de lui donner la réplique.

C'est à l'occasion de notre dernier entretien sur ce point que j'ai pris l'engagement de t'en écrire... et *afin que tu n'en ignores*, comme disent les huissiers, voici tout au long le fidèle compte-rendu de cette conversation :

Je venais de lui lire le grand discours du prince Napoléon au Sénat; c'était avec des lueurs de 89 dans les yeux qu'il l'avait écouté d'un bout à l'autre, non sans m'interrompre quelquefois en disant : C'est un homme!... voilà un homme !

— Eh bien, père Nestor, que pensez-vous de tout ça, vous... c'est une grosse affaire et bien embrouillée, n'est-ce pas ?...

— Oui, pour et par les légitimistes... Toujours les mêmes, ma voisine, ils n'ont rien appris ni rien oublié... Se peut-il que les préjugés les aveuglent encore au point de ne pas voir qu'ils tentent Dieu et l'impossible ? — Ah ! ce n'est pas le drapeau rouge avec ses flammes en avant qu'il faut le plus redouter, mais ce drapeau sans couleur qui, flottant en arrière, voudrait remonter l'histoire jusqu'au régime du bon plaisir. — Voilà de quel côté est l'ennemi. —C'est encore et toujours la résistance des traditions et des vanités aristocratiques contre les droits de la liberté, il ne faut espérer ni de les vaincre ni de les convaincre... il faut rompre... *couper le câble*, comme disait Sieyes, et marcher en avant. —Qu'est-il, après tout, ce parti de la légitimité? une *confrérie* qui rêve et poursuit le rétablissement de la noblesse et de ses priviléges... et l'on compte avec lui, quant il est si facile de le dissoudre en rendant la réalisation de son but impossible, même avec une seconde restauration... Alors la France sera la France.

— Et le moyen, père Nestor, car vous en parlez bien à votre aise ?

— Le moyen, c'est en 1790 que je l'ai pour la première fois proposé au gouvernement, et loin d'avoir affaibli l'idée que je m'en étais faite, les événements n'ont fait depuis que la fortifier ; mais que voulez-vous, l'infaillibilité d'en haut n'était pas plus qu'aujourd'hui disposée à croire à l'infaillibilité d'en bas, je ne fus pas écouté. — Mon moyen n'était peut-être pas assez violent, on lui préféra l'auto-da-fé des titres de noblesse et la proscription ; — c'était tirer un coup de canon contre une poussière ; — la violence réussit mal contre l'opinion ; qu'en a-t-il été ? — la noblesse n'est plus, il est vrai, un *ordre* dans l'Etat, c'est un *parti*, ce qui est pire, et un parti que l'on ménage, encore. — Aussi la France compte-t-elle aujourd'hui dix fois plus de nobles qu'avant 1789. — Est-ce en la rendant rare qu'on déprécie une valeur, la proscription des titres de noblesse devait avoir pour résultat inévitable d'en relever le prix, et c'est ce qui est arrivé; si l'on m'eût cru, on aurait fait tout le contraire.

— Comment ça... tout le contraire, vous proposiez donc de les glorifier?

— Non, mais de les maintenir et de les étendre... Vous ne pouvez me comprendre sur un mot, avez-vous le temps de m'écouter, voisine?

— Allez, père Nestor, je ne suis pas le gouvernement, j'écoute.

— Tenez, pour bien vous faire saisir mon idée, laissez-moi vous dire l'histoire d'un troupeau de moutons et de ses fermiers.

— Une bergerie politique... à votre aise, père Nestor.

HISTOIRE VÉRIDIQUE D'UN TROUPEAU DE MOUTONS.

Il était autrefois un riche fermier dont les troupeaux, par la beauté des bêtes à laine qui les composaient excitaient, non sans raison, l'admiration et assez naturellement l'envie.

En vue sans doute d'améliorer plus encore la partie du troupeau qui lui fesait le plus d'honneur, il donna l'ordre à ses bergers de marquer d'un signe particulier et visible sur les cornes les béliers les plus vigoureux, (ce qui leur valut le nom de *marqués*, par corruption *marquis*). — Cette opération terminée, le maître décida que les moutons *marqués* auraient à l'avenir le pas sur les autres, qu'ils marcheraient en tête du troupeau, qu'ils seraient moins *tondus*, et que les meilleures places leur seraient réservées dans les pâturages.

Ces dispositions insérées dans un réglement, le maître en fit une loi pour les pâtres présents et futurs chargés de la conduite du troupeau.

Les moutons sacrifiés murmurèrent, mais comme les *marqués* étaient les plus forts, ils appuyèrent la loi de quelques coups de cornes qui firent sentir aux plus mauvaises têtes l'inutilité de leurs réclamations. — On se tut et messires les *Hauts-Béliers* jouirent tranquillement de leurs prérogatives. — Il n'y avait d'ailleurs pas tant à s'en préoccuper, attachés à la corne, la mort en ferait tôt ou tard justice et rétablirait l'égalité.

Une cruelle déception vint renverser ces espérances : Dès la première génération on reconnut que la marque était transmissible par la naissance ; les agneaux issus de béliers de qualité avaient comme eux *marque à la corne.* — La nature se chargeant de perpétuer cette distinction, on ne vit plus de terme au régime du privilége, et l'on se résigna.

La caste des *marqués* prit alors à l'égard des moutons de la classe inférieure, par eux traités de *vilains*, des airs d'arrogance et des privautés qui soulevèrent de terribles et sanglants débats. — Une espèce pourtant si bénigne!...

Dieu sait ce qu'il serait advenu de cette oppression, si dame nature n'avait, par avance, ménagé des améliorations. — Il se produisit à cette époque un phénomène dont on était loin de prévoir toutes les conséquences.

favorables pour les opprimés. — La transmission héréditaire de la marque n'entraînait pas également la transmission des qualités qu'elle supposait ; — il arriva même que ces qualités se trouvèrent parfois avec un degré supérieur chez les moutons à *corne franche*, tandis qu'elles allaient dégénérant chez les autres ; de telle sorte que la marque cessa d'être, comme dans le principe, un indice de la valeur. — On voyait en effet parmi les *vilains* plus de *bêtes de qualité* que dans les rangs de la caste privilégiée.

La loi première n'avait pourtant rien perdu de son autorité : — les *marqués* jouissaient toujours des prérogatives de la marque, sans en être ni plus gras ni meilleurs pour cela, tandis que les *vilains taillés à merci*, tondus jusqu'au sang, et néanmoins vigoureux et superbes, pâtissaient sur les côtes appauvries de la montagne. — L'application de la loi allait ainsi contre son but ; les avantages qu'elle avait voulu réserver aux meilleurs allaient aux pires. — Je ne vous dirai ni les sourdes colères ni les plaintes légitimes que souleva cet état de choses, ni les luttes qui s'ensuivirent. Ce n'était pourtant ni à ceux qui portaient la marque, ni à l'illustration de leur origine qu'on s'attaquait le plus, ce qui passionnait surtout, c'était la violation des principes de l'égalité. — Les béliers sacrifiés ne demandaient rien de plus que des lois uniformes auxquelles toutes les têtes fussent asservies... mais les pâtres chargés d'exécuter la loi, n'osant prendre sur eux d'en modifier l'application, les envoyèrent paître comme devant, et tout fût ainsi que par le passé dans les pâturages.

Un jour il fut trop tard pour remédier aux abus devenus intolérables, le troupeau se révolta... les pâtres et les chiens impuissants furent culbutés et abandonnés... les *vilains*, devenus les plus forts, proclamèrent la république... le troupeau libre de ses conducteurs se retira sur les sommets les plus inaccessibles de la montagne.

Ce fut alors que, dans une assemblée célèbre, il fut déclaré que tous les moutons étaient égaux, que la marque, à jamais abolie, disparaîtrait de toutes les cornes et « *qu'il n'y aurait plus d'autres distinctions que celles des vertus et des talents.* » — Les cornes marquées furent *polies*, mais les révoltés n'en furent pour cela ni plus heureux ni plus sages ; il n'est rien de tel qu'un mouton enragé pour faire des sottises : ceux-ci, je vous prie de le croire, ne s'en firent pas faute jusqu'au jour où la crainte du loup et l'inclémence de la saison ayant calmé leur première ardeur, un fermier nouveau parvint à les discipliner et à les ramener au bercail.

Cette époque ne fut pas la moins glorieuse de leur histoire, bien au contraire ; sous l'empire des principes de justice et d'égalité qu'avait accepté son administration, le troupeau prospéra avec une rapidité merveilleuse.

Tout cela eût été pour le mieux, si la loi qui prescrivait de polir les cornes marquées n'étaient tombées en désuétude ; on cessa de s'y conformer. — La marque reparut, mais comme il n'y avait pas à redouter le rétablissement des priviléges, les béliers de *cornes franches* se préoccupèrent peu de cette réapparition : — C'était un tort, d'un régime proscrit on ne doit pas plus tolérer les noms que les vestiges. — Il y a si peu du signe à la chose.

Les *marqués* le comprirent ainsi et désespérèrent moins des priviléges dont on leur laissait porter les titres plus haut que jamais. Voici, pour les reconquérir, quelle fut leur tactique :

Victimes d'une révolution dont la violence avait exagéré les exigences, le moins qu'on leur devait, disaient-ils, était leur réintégration dans les droits dont ils avaient été injustement dépouillés ; et, à moins de se faire complice de cette spoliation, la nouvelle administration se devait de leur prouver ainsi son retour *aux bons principes*.

C'était vouloir l'impossible ! le dogme de l'égalité s'opposait à la satisfaction de pareilles prétentions : — ils crièrent à l'injustice, et on les laissa crier. Mais leurs intérêts étaient trop excités par leurs rancunes pour se borner aux regrets du bon vieux temps. — C'est alors que, supposant chez les descendants *légitimes* des anciens fermiers des dispositions plus favorables, ils formèrent un parti qui ne cessa d'adresser des vœux au ciel pour qu'il ramenât les anciens maîtres et mît un terme au règne de l'*usurpateur*.

Le ciel semblait, à cette époque, prendre plaisir à faire des expériences, il exauça leurs vœux : — le jeune fermier, égaré dans la montagne, périt sous une avalanche imprévue.

Les fils des anciens fermiers accoururent et reprirent l'administration du troupeau. — Je vous laisse à penser s'ils le tondirent… ce fut leur première opération. — La *chaîne des temps ainsi renouée*, ils rétablirent solennellement la marque, sans toutefois oser en renouveler les priviléges. — Mais ce qu'ils ne firent pas directement, ils le réalisèrent d'une manière indirecte. Les meilleures places… furent *en fait* réservées aux béliers *marqués*, on leur donna le pas en toutes choses… C'était là des faveurs et des inégalités pour la tolérance desquelles les *vilains* n'avaient pas hérité de la patience de leurs pères. — Une révolution nouvelle en fit justice et pour jamais.

Les moutons de la première révolution s'étaient conduits en véritables Champenois, ceux de la seconde se montrèrent moins violents, mais plus habiles ; — au lieu de proscrire la marque, ils la livrèrent au pillage, en laissant, à qui la voulut, toute liberté d'en parer ses cornes. — Si l'on eût compris alors tout ce que cette liberté avait de favorable pour le principe de l'égalité, c'en était fait du parti réactionnaire ; mais l'opinion prit le change et soit fausse fierté, soit la crainte du ridicule, l'on n'usa que très-modérément du bénéfice de cette situation.

De peur de paraître trop avide de distinctions on en parla avec mépris, et l'on se contenta de satisfaire par des sarcasmes, comme le renard des raisins verts, le regret de ne pas avoir la marque à titre héréditaire. — On n'en continua pas moins cependant de la considérer comme une cause de supériorité et de préférence. Il y a tant de sottes bêtes dans un troupeau de moutons ! — Mais les scrupules qui arrêtèrent ces derniers, ne furent pas un embarras pour les habiles ; ils n'hésitèrent pas à se parer de la marque pour profiter de la considération et des avantages qu'elle procurait.

Il n'est si bon usage dont on ne puisse faire abus ni si petit abus qui ne puisse en servir un autre.

Les intrigants *usurpèrent* la marque et abusèrent de la déférence des sots pour brouter l'herbe sous les pieds des uns et des autres ; — ils eurent des imitateurs et ils en auraient eu plus encore si, craignant la concurrence, ils n'eussent été les premiers à crier aux scandales de *l'usurpation* pour se mieux donner un vernis d'illustre origine. Les anciens marqués ne virent pas sans plaisir ces réclamations, elles favorisaient leurs secrètes espérances : — « Si l'usurpation de la marque est un abus, disaient-ils « entre eux, c'est que la marque est encore quelque chose ; punir l'abus, « c'est consacrer le droit de qui la possède par droit de naissance ; de là au « privilége il n'est pas loin. »

A leur instigation une supplique fut adressée au nouveau fermier ; — on y signalait l'abus et la nécessité d'y mettre un terme.

Le maître convoqua ses pasteurs pour en délibérer :

On ne saurait se faire une idée de tout ce qui fut dit pour et contre à ce sujet. Je craindrais d'abuser de vos instants, voisine, si j'entrais dans les détails.

— Mais non, père Nestor, votre histoire m'intéresse, et je suis curieuse de voir si l'esprit de parti fut, à cette époque, aussi ingénieux que de nos jours pour embrouiller cette question.

— Vous me permettrez cependant, voisine, de dégager les raisons des artifices oratoires.

Donc la séance est ouverte, la parole est au rapporteur.

Il fut éloquent mais non irréfutable. Voici quelles furent ses propositions :

« Il est conforme à l'esprit d'une sage administration de maintenir la « marque comme l'apanage exclusif de ceux qui la possèdent.

« Les distinctions, du moment où elles n'entraînent aucune cause légale « de préférence, ne répugnent pas au principe d'égalité ; il est donc juste « de les protéger contre l'usurpation et le discrédit qu'elle entraînerait à « la longue. »

Le plus vieux pasteur prit ensuite la parole :

« Il n'est pas moral, dit-il, d'abandonner au pillage de la vanité des « signes dont la concession rappelle une époque glorieuse. — Que sont vos « principes d'égalité ? On a des semblables, non des égaux ; est-il rien « d'égal en ce monde ? En quoi ces principes, d'ailleurs, exigent-ils le sa-« crifice d'une distinction aussi inoffensive que la marque ; l'éclat qui en « rejaillit sur le troupeau doit la faire maintenir dans l'intérêt de sa répu-« tation. Cela, du reste, a toujours été ainsi ; pourquoi toucher à une chose « aussi ancienne ; n'ayez pas la prétention d'être plus sage que les anciens, « conservez ce qu'ils ont établi ; faites mieux, relevez-en même le prestige « en lui restituant un peu de ses antiques priviléges. A quoi bon une faveur « si l'on n'y attache des avantages... » (Applaudissements à droite).

Il n'était pas difficile de répondre à de pareilles considérations ; — un autre pasteur se leva, et voici quelle fut sa harangue :

« La marque est quelque chose ou n'est rien. — Si elle n'est rien, pour-« quoi s'en occuper ; si elle est quelque chose, qu'est-elle ?

« Je n'ai pas à me préoccuper de son antiquité, nous ne faisons pas ici « de l'archéologie. — L'antiquité ne peut être une garantie. — Un édifice

« en ruine serait mal venu à se prévaloir de son origine contre la démo-
« lition s'il ne prouve pas qu'il est encore utile.

« Nous sommes en présence d'une institution délabrée ; est-il utile de la
« conserver et de l'étayer. — D'une distinction privilégiée le temps a fait
« une distinction purement honorifique, quelle est sa signification ; viole-
« t-elle les principes de l'égalité ; faut-il la consacrer ou la supprimer,
« voilà la question.

« Je comprends les inégalités de la nature et je les accepte, on ne peut
« y remédier ; mais je n'admets pas les inégalités *artificielles* qu'on de-
« mande à la loi de reconnaître et de transformer en inégalités légales.

« Si la marque est une cause de préférence quelconque, et on ne le
« conteste pas, si minime qu'elle soit, elle engendre une inégalité ; — une
« *inégalité artificielle* que l'on ne saurait consacrer sans violer les prin-
« cipes de l'égalité. (Bien.)

« Ce n'est pas tout. — Cette distinction est non-seulement contraire aux
« principes établis, elle est encore une pierre d'attente, une provocation au
« retour d'un régime aboli ; — vous ne pouvez, en effet, sans un contraste
« choquant ou sans arrière pensée, maintenir en présence les vestiges d'une
« institution proscrite et ces principes qui, à tort ou à raison, en ont fait
« prononcer l'abolition.

« Ces distinctions sont en outre inutiles et dangereuses. (Ecoutez.) La
« marque qui servait jadis à distinguer les moutons de valeur ne signifie
« plus rien aujourd'hui, puisque les plus belles têtes ne sont pas les têtes
« marquées ; signe trompeur, étiquette oubliée d'un système aboli, elle
« égare le choix de celui qui s'y fie encore. (C'est vrai.) Cessez donc de
« regarder à l'ancienneté de l'institution pour vous résoudre. Conservez
« ce qui est bon, supprimez ce qui est inutile.

« Quant aux idées qui proposent la suppression, il serait absurde de les
« écarter parce qu'elles sont *nouvelles*. Reproche d'innovation n'est pas
« une raison ; appréciez-les par ce qu'elles veulent et ce qu'elles attaquent.
« Elles attaquent une cause de préférence imméritée, elles demandent que
« la loi ne la consacre pas ; et subsidiairement si la marque n'est pas sup-
« primée qu'elle reste ce qu'elle est, un souvenir, une parure qu'il soit
« libre à chacun de porter suivant son goût ou son intérêt ; ce serait en
« faire une monnaie que de punir les contrefacteurs. Sont-ce là des pré-
« tentions exagérées, c'est à vous à le décider. » (Applaudissements à gauche
et au centre.)

Un autre pasteur avait obtenu la parole :

« Ce ne sont pas, dit-il, des considérations qu'il nous faut, c'est une
« mesure.

« Un abus vous est signalé, il est réel, il est grave ; — le moyen d'y re-
« médier ?

« Ce qui vous est proposé est inacceptable ; — que vous a-t-on demandé ?

« Ici de *rétablir la marque avec ses priviléges* ; — vous n'en voulez
« pas et vous avez cent fois raison.

« Là de *la proscrire* ; — moyen violent ; vous le repoussez également
« et vous n'avez pas moins raison.

« *Tolérez-la donc comme un ornement*, vous a-t-on dit... Et les abus
« de l'usurpation ?...

« *Faites-en alors une distinction légale en punissant les usurpateurs*,
« a-t-on répliqué... Mais les principes ?

« Remèdes pires que le mal, je ne crains pas de le dire.

« J'ai bien mieux à vous proposer.

« Vous ne voulez ni *rétablir les priviléges*, ni *abolir la marque*, ni
« *tolérer son usurpation.* — Eh bien, *maintenons la marque sans privi-*
« *léges* en *rendant les usurpations matériellement impossibles*... N'est-ce
« pas ce que vous voulez ? » (C'est cela même... Parfait... Très bien !)
Une voix. — Comment cela ?

« Comment, c'est bien facile : *en étendant sans distinction la*
« *marque à toutes les cornes.* — Du moment où *tous les fronts seront*
« *marqués, la marque cessera d'être un privilége ; tous l'ayant, nul ne*
« *songera à l'usurper*, et vous aurez ainsi du même coup satisfait l'égalité
« et rendu l'abus impossible. »

Un tumulte effroyable accueillit cette proposition inattendue : — Ce n'est
pas sérieux, s'écria-t-on... Allons donc, c'est impossible ; et les traditions...
Ce serait avilir la marque, etc., etc. — Vos traditions, c'est le privilége ré-
pondait-on... C'est un paradoxe !... Il a raison... Bien... Parfait... La clô-
ture... Aux voix... Je demande la parole !

Lorsque le calme se fut rétabli, le maître se leva...

« Je comprends, dit-il, ce que cette proposition a de choquant pour les
« esprits imbus des idées traditionnelles. — Pour moi, il n'en est pas ainsi.
« — Si la mesure est bonne, il m'importe peu qu'elle soit nouvelle. — Toute
« institution ancienne a commencé par être une innovation. — Qu'ai-je
« d'ailleurs à m'embarrasser des traditions et du passé, il s'agit de l'avenir
« et je ne veux qu'être juste. — Bergers de mes troupeaux, vous apposerez
« la marque sur les cornes de mes béliers, à l'exception *des têtes galeuses.*
« Il n'y aura plus à l'avenir aucune distinction que celle des qualités per-
« sonnelles qui seront suffisamment indiquées par une clochette d'honneur
« que vous suspendrez, au moyen d'un cordon rouge, au cou de ceux qui
« l'auront méritée... J'ai dit. »

Ce qui fut dit fut fait. — Les béliers, premiers du troupeau, reçurent la
clochette avec le ruban rouge, et il ne fut pas dans la montagne de troupeau plus pacifique, plus docile et plus florissant.

— Je comprends votre apologue, père Nestor, c'était donc *l'exten-*
sion de la noblesse à tous les Français que vous proposiez en 1791.

— C'est cela même, au lieu de l'abolition qui la fit renchérir... Ah !
si j'eusse été écouté, c'en était fait des catégories qui nous divisent ; il n'y aurait plus aujourd'hui ni *parti bourgeois*, ni *parti*
noble ou *légitimistes*, mais seulement des *citoyens gentilshommes*
avec une seule foi politique et un seul drapeau...

— Et tous les Français seraient également nobles ?

— Comme nos voisins les Espagnols, ne sommes-nous pas également citoyens?

— De telle sorte que je pourrais devenir *marquise*, mon domestique *marquis*, ma femme de chambre *comtesse* et mon décrotteur *baron*... Ah! ah! la bonne idée, père Nestor. Et moi de rire... Le père Nestor était toujours sérieux, lui, comme une épopée.

— Riez, riez tant qu'il vous plaira, voisine; avec nos idées et nos habitudes, c'est un projet bizarre, j'en conviens... Mais qu'on l'adopte, et vous verrez si on tarderait à s'y faire;—il en serait bientôt des titres de noblesse ce qu'il en est des qualifications de *monsieur* et de *madame;* — on les réservait aussi autrefois pour la *classe élevée;* — leur introduction dans la classe inférieure rencontra des répugnances et chacun pourtant les accepte aujourd'hui sans embarras.

— N'importe, ce sera tout de même drôle d'avoir à son service des *comtesses* de Gotton et des *barons* de Nicolas.

— Après ça, voisine, comme on ne sera pas plus forcé qu'aujourd'hui de donner du *marquis* ou du *baron* par le nez de ceux qui en auront le titre, ni de faire sonner celui qu'on aura soi-même obtenu; il sera facile de ménager les habitudes. — Chacun prendra le titre qui lui conviendra et en *gardera le parchemin en poche*, sauf à s'en prévaloir pour riposter à des prétentions déplacées ou pour prévenir la restauration des priviléges, si jamais on tentait de ressusciter ces vieilleries; et votre domestique, noble à votre insu, et *noble titré encore*, resterait pour vous et les autres, *Gros-Pierre* ou *Gros-Jean* comme devant.

— Je ne dis pas que vous ne puissiez avoir raison, père Nestor, mais soyez certain que l'eussiez-vous dix fois davantage, votre moyen n'en sera pas moins traité de *chimérique* et de *paradoxal*.

— Je m'y attends bien, voisine, c'est ainsi qu'il fut accueilli en 1791; mais tenez pour certain vous-même qu'on y viendra tôt ou tard. — *Chimérique!* on a ainsi traité les idées de Galilée et de Fulton, et nous courons cependant à *toute vapeur* sur cette *terre qui tourne vers ce monde également chimérique* qu'a découvert Christophe Colomb. — *Paradoxe!* que faut-il quelquefois à un paradoxe pour devenir une grande vérité?... Du temps..., laisser faire...

— Mais encore faut-il alors ne pas tenir votre idée sous le boisseau; pourquoi ne la répandez-vous pas si vous êtes si bien convaincu de son excellence?

— Ah! voilà pour moi le difficile. — J'ai depuis longtemps rédigé dans ce but une note à l'Empereur, mais le moyen de lui faire parvenir... Je ne connais personne, je vis si loin du monde politique...

— Une bonne idée, père Nestor... Entre le public et l'Empereur, le meilleur intermédiaire est, dit-on, la presse; voulez-vous me remettre votre note, je l'enverrai à mon cousin le journaliste de Paris, un bon jeune homme qui tient une assez longue plume au bout de son bras, il en parlera dans votre gazette...

— Vous avez là une excellente pensée, voisine; nous reparlerons de ça.

A quelques jours de là il vint chez moi : — Voici la note recopiée à neuf, adressez-la à votre cousin et demandez-lui son opinion.

— Soyez tranquille, père Nestor, dès demain je lui écrirai et je lui raconterai notre conversation pour le mettre au courant de vos idées.

Tu le vois, cher cousin, je tiens parole; voici la note du père Nestor, dis-moi ce que tu en penses et le parti que l'on peut en tirer, dans une de ces jolies lettres qui te coûtent si peu et qui font tant de plaisir à

Ta cousine MADELEINE.

A SA MAJESTÉ L'EMPEREUR NAPOLÉON III

On traitera cela de chimère dérisoire, mais que de choses
considérées commme des chimères ont été réalisées.

*Discours de Son Altesse le prince Napoléon
au Sénat, le 1er mars 1861.*

SIRE,

Je viens soumettre à l'attention de Votre Majesté un projet de
décret dont il lui sera facile d'apprécier la portée morale et les
avantages par l'indication des résultats de son exécution.

Les plus certains seront :

    1º De produire au profit du trésor une recette de *trois milliards*
en moins de 10 ans ;

    2º D'amener insensiblement et sans contrainte la dissolution
du parti légitimiste ;

    3º De relever le niveau de la dignité individuelle, et de créer
un nouveau moyen d'amendement pour les condamnés ;

    4º D'arriver à donner à l'aristocratie du mérite la prééminence
jusqu'à ce jour usurpée par l'aristocratie héréditaire.

Le moyen de réaliser un pareil programme est simple comme
tout ce qui est juste ; il procède encore de ce principe d'économie
politique et de générosité bienfaisante, qui veut la satisfaction à
bon marché des besoins généraux par la réduction des droits et la
suppression des formalités qui, sans un avantage réel, limitent ou
retiennent les objets de cette satisfaction ; — principe qui, sans
distinction entre les besoins réels et ceux de pure fantaisie, produit les mêmes résultats, soit qu'il s'agisse des choses de première
nécessité, soit de celles que recherche la passion du luxe ou les
convoitises de la vanité.

C'est de l'orgueil, — « ce mendiant qui crie plus haut que tous
nos besoins, » — c'est de la vanité, — ce fond gaulois de notre
caractère national, qu'il me paraît juste aujourd'hui de satisfaire
plus utilement les inoffensives tendances par l'abaissement des
droits et des conditions qui rendent impossibles certains objets de
leur satisfaction.

Entre tout ce qui peut le plus flatter en France l'orgueil et la
vanité individuels, il n'est peut-être rien de plus recherché et dont

on soit plus avide (malgré le ridicule qui s'attache à leur usurpation et le dédain qu'affectent ceux qui ne peuvent les porter), que *les titres* et *les qualifications nobiliaires*.

Leur obtention est encore soumise à des conditions qui en font un *privilége inaccessible* (1), — et qui rendent *improductifs les droits de sceau* auxquels ils sont assujettis (2).

Je viens proposer à Votre Majesté, *à qui seule il appartient de faire des nobles*, de modifier la législation qui régit la collation des titres de noblesse et d'en faire, sans les avilir, un moyen d'accroître les revenus du trésor en donnant son approbation au décret suivant :

PROJET DE DÉCRET

—

Art. 1.

L'obtention des titres et des qualifications nobiliaires, ainsi que la délivrance des lettres-patentes qui en porteront la collation, ne seront plus à l'avenir soumises *qu'à la condition du versement préalable au trésor des droits de sceau.*

Art. 2.

Les droits de sceau sont réduits :

A 200 fr. pour les titres de marquis, marquise, comte et comtesse ;

A 100 fr. pour ceux de vicomte, vicomtesse, baron et baronne ;

A 25 fr. pour les particules nobiliaires et les titres de messire ou de chevalier ;

Avec augmentation de 200 fr. pour obtenir la transmissibilité héréditaire des titres ci-dessus.

En ce qui concerne les particules seulement, il pourra être fait remise des droits de sceau aux indigents.

---

(1) Ces conditions sont : la justification d'un revenu qui varie, suivant les titres, de 15,000 à 30,000 francs, — en biens de la nature de ceux qui entrent dans la formation des majorats, — ou la constitution d'un majorat. — (Voir les décrets du 1 mars 1808 et les ordonnances des 25 août 1817 et 10 février 1814.

(2) Les droits de sceaux pour les titres de duc sont de. . . . . 15,000 fr.
          pour ceux de marquis et de comte de. . . 6,000
          — de vicomte, de. 4,000
          — de baron, de. 3,000
Sans compter les droits de référendaires et d'enregistrement, les droits de sceau pour les lettres de noblesse sont de. 600
(Voir les ordonnances du 8 octobre 1814 et 18 juin 1817).

Art. 3.

Les titres de *prince,* de *grand-duc* et de *duc* restent seuls réservés pour les membres de la famille du souverain et pour les citoyens auxquels Sa Majesté les aura accordés en récompense de leurs services ou de leurs mérites personnels.

Ces titres ne sont point transmissibles.

Art. 4.

Les enfants ne pourront ni obtenir ni porter un titre égal ou supérieur à celui de leur père et de leurs aînés.

Tous titres et qualifications nobiliaires seront refusés et retirés à ceux qui auront *encouru une condamnation déshonorante,* tant qu'ils n'auront pas obtenu leur réhabilitation, ainsi qu'à ceux qui ne seront pas notoirement de *bonne vie et bonnes mœurs.*

Nul ne pourra être investi d'une fonction ou charge publique quelconque, *s'il ne justifie de son honorabilité* par l'obtention d'un titre nobiliaire.

Art. 5.

L'art. 259 du Code pénal continuera à être appliqué à ceux qui prendront un titre nobiliaire sans en avoir obtenu la collation.

Un règlement d'administration pourvoira aux détails d'exécution.

Ce projet rencontrera inévitablement des adversaires dans le côté aristocratique de vos conseils; — leur intérêt vous donnera la mesure de leurs convictions.

Confondant l'*institution* abolie de la noblesse avec les *titres* qui en conservent seulement le souvenir, et, se faisant ainsi illusion sur l'importance de la minorité qui s'imagine constituer l'*ordre de la noblesse,* — ils reprendront l'argument usé (1) de sa *solidarité avec la monarchie;* — ils n'hésiteront même pas à vous montrer comme les gardes du corps les plus fidèles de Votre Majesté ceux qui contestent le plus la légitimité de son origine, — et vous représenteront peut-être la proposition que j'ai l'honneur de vous soumettre comme l'inspiration d'une pensée hostile à votre dynastie.

Je n'ai pas plus à vous édifier sur le mérite de ces infimes consi-

---

(1) L'histoire a fait surabondamment justice en France de cet aphorisme de l'abbé Maury : *Sans noblesse, pas de monarchie!* — L'expérience a démontré depuis longtemps, en effet, que le gouvernement monarchique se passe aussi bien de l'appui des légitimistes qu'il redoute peu leur rancune et leur opposition.

dérations que sur l'attachement de ceux qui s'en seront fait les organes ; l'important est que Votre Majesté ne se méprenne pas sur le véritable caractère de ma proposition, et c'est pour lui en démontrer *la justice et l'utilité* que je crois devoir discuter rapidement les principales questions qu'elle soulève.

Il ne s'agit pas d'abord de remettre en question *le maintien des titres nobiliaires*, mais seulement, ce qui est bien différent, *de régler le mode de leur obtention*.

Je n'ai donc pas à examiner s'il est ou non conforme à l'esprit de nos institutions de conserver dans les prérogatives du pouvoir souverain « *le droit traditionnel de faire des nobles à volonté,* » — c'est là une question tranchée par le décret du 24 janvier 1852 ; j'en accepte les conséquences jusque dans les récentes modifications de l'art. 259 du Code pénal. — C'est même parce que j'apprécie, avec les promoteurs de ces modifications, tout ce qu'ont de flatteur les titres nobiliaires, tous les avantages qu'ils procurent et tout le parti qu'on peut en retirer, que j'en veux le *maintien,* mais non point égoïstement pour eux et leurs adhérents, mais également pour *tous ceux qui, n'en étant pas reconnus indignes,* pourront y prétendre et les honorer.

C'est l'extension, je voudrais pouvoir dire la *popularisation de la noblesse* que je demande, contre ceux qui voudraient en faire l'apanage exclusif de quelques familles privilégiées.

La seule question sérieuse qui soit en conséquence à poser ici est celle de savoir si le Pouvoir doit ou non se montrer avare des titres dont il a la disposition, et continuer à renoncer à son droit de faire des nobles pour le plus grand honneur des vieux parchemins ou s'il doit au contraire suivre sur ce point, comme sur tous les autres, les principes d'une égale et juste libéralité ? — En d'autres termes, et pour mieux préciser l'alternative, laquelle il vaut mieux pour lui satisfaire, de la *minorité hostile* qui possède les titres de noblesse *sans les mériter* ou de la *majorité* honnête qui les mérite *sans les obtenir.*

Avoir ainsi posé la question, c'est l'avoir déjà résolue.

Quelque libéral que doive être le souverain dans la dispensation de ses faveurs, il ne saurait cependant y procéder d'une manière aveugle ; — quelle sera sur ce point la règle pratique de son droit ?

Cette règle me paraît résulter forcément de la nature même *de ces titres honorifiques émanant de la faveur du souverain* :

Titres honorifiques ; — l'honneur doit en être la première condition ; —

Faveur du souverain. — Leur dispensation devra subir sa loi suprême : — *L'intérêt général* et les *principes constitutionnels* ; — ceux-ci réclameront des conditions *égales*, celui-là, des conditions *utiles.*

Le projet répond à cette triple donnée : des sept titres de noblesse les plus appréciés, les *trois premiers* sont réservés comme *moyens de récompense :* — L'obtention des autres est soumise à des conditions *utiles* et *égales pour tous*, d'acquitter les droits de sceau, et de faire preuve d'honorabilité. — Seul vrai titre aujourd'hui de la seule noblesse possible : *l'honneur...*

La mesure d'ailleurs ne satisfait pas moins les principes de l'égalité que les principes de la morale et les sentiments de notre dignité.

« Que les titres de noblesse soient le prix du courage, des services rendus, du devoir poussé jusqu'au sacrifice, » (1) — qu'ils deviennent les signes publics de la probité, que la crainte d'en être dépossédés retienne plus puissamment les citoyens dans la voie de l'honneur et le respect de leur dignité ; — que l'espoir de les recouvrer soit pour ceux qui les auront perdus un stimulant nouveau pour les ramener au bien ; une telle idée mérite faveur, elle profite à la société et la moralise (2) — mais qu'ils restent le bénéfice exclusif de ceux qui le méritent le moins, qu'ils soient ensuite, par les prétentions, les préjugés et les espérances, qu'ils entretiennent une cause de division et d'envie ; — c'est là par contre un abus que l'on ne saurait ni tolérer ni comprendre, et qui existe pourtant avec de si profondes racines que l'on taxera sans doute de chimérique le projet qui tendrait à les extirper.

« C'est un mal d'avilir ce qui peut servir de but et de récompense à de généreux efforts » (3) — n'est-ce pas un plus grand mal encor de ne pas savoir l'utiliser et de considérer comme ayant seuls *droit à la noblesse* ceux qui la tiennent du hazard heureux de leur naissance ; — L'éloquent rapporteur, auprès du Sénat, de la pétition concernant l'usurpation des qualifications nobiliaires s'est donc arrêté à mi-chemin de sa propre logique en concluant à leur restriction par crainte de leur avilissement.

Je ne prétends par défendre ici contre Molière et le trop aristocratique dédain du spirituel sénateur les ridicules qu'ils fustigent,

(1) V. le rapport fait par M. Delangle sur la pétition relative aux titres de noblesse.
(2) Même rapport.
(3) Même rapport.

j'avoue « que l'espèce des bourgeois gentilshommes n'est pas tellement précieuse qu'il faille la perpétuer, » (1) mais le meilleur moyen de nous en délivrer n'est-ce pas encore de la satisfaire? — Trouverait-on plus juste et plus humain de la sacrifier aux quartiers de la *marquise de Prétintaille* pour le bon plaisir *du marquis de Carabas*? — A quoi bon prendre tant à cœur la cause d'un parti qui ne comprend la bourgeoisie que pour servir de cadre ou de piédestal à son importance, — qu'a à gagner le pays à ces sarcasmes dont les prétentions d'un autre âge se feront des armes contre les légitimes aspirations de la dignité individuelle qu'a à gagner surtout la paix publique à ces distinctions qui divisent sans motifs les citoyens en classes ennemies? — Et quel inconvénient y aurait-il à mettre fin à leur antagonisme en faisant *pairs* les uns des autres ceux que la loi a fait *égaux*?

Tel est le but de ma proposition.

Résultat du fait aveugle de la naissance, la noblessse est une anomalie, une injustice. — Qu'elle procède de la probité, et ses titres convertis en titres d'honneur se relèveront avec un nouveau prestige : — Fondez ensuite insensiblement, par leur obtention facile et multipliée, les classes inférieures dans les rangs élargis de la noblesse; que le Gouvernement, suivant sur ce point le conseil du rapporteur au Corps-Législatif sur l'art. 259 du Code pénal fasse *des millions et des milliers de nobles, prenne à tâche d'anoblir les* 36 *millions de Français*» et hâte ainsi le moment où il n'y aura plus en France ni *bourgeois* ni *nobles*, mais seulement des *citoyens gentilshommes*, et il aura fait pour l'égalité (2) et la

(1) Même rapport.

(2) On a quelquefois contesté que les titres de noblesse, *comme distinctions purement honorifiques* mais cependant *héréditaires*, fussent contraires aux mœurs démocratiques de la nation et aux principes de l'égalité civile et politique. — (V. Rapport au Sénat déjà cité, et l'exposé des motifs de l'art. 259, et le rapport au Corps législatif sur cet article.) — C'est moins à l'esprit d'analyse philosophique qu'il faut s'en rapporter, pour se prononcer à ce sujet, *qu'au sentiment national*.

Les arguments n'ont que faire en matière de susceptibilités politiques. — L'opinion publique est donc ici le seul juge compétent et souverain.

Où trouver à cet égard la manifestation authentique de ses impressions? nulle part mieux que dans les actes de ses interprètes légaux, et dans ce qu'il y a de moins reprochable au monde dans l'histoire de la législation. — Qu'en résulte-t-il?... Que les titres de noblesse blessent les idées et les sentiments égalitaires de la France. — Suivant que le Gouvernement et le Pouvoir législatif en ont subi ou bravé l'empire, ils ont, en effet, aboli ou proscrit la noblesse; — il suffit, pour s'en convaincre, de passer en revue les principaux actes législatifs de 1789 à 1848.

En 1790, — les idées aristocratiques sont vaincues, l'opinion publique l'emporte, le principe de l'égalité est proclamé, sa première application entraîne l'abolition de la noblesse héréditaire, — le décret du 19 juin défend de porter les titres et qualifications

paix publique tout ce que réclame sur ce point la justice du développement des principes de 1789.

Après avoir ainsi justifié la mesure au point de vue des intérêt; qu'elle concerne, il me reste à en démontrer *l'utilité pratiques* c'est ce que je vais essayer de faire en établissant la certitude des résultats que j'ai énumérés en commençant.

PREMIER RÉSULTAT.

Augmentation des produits des droits de sceau évaluée à trois milliards.

Les taxes les moins vexatoires et les plus facilement recouvrables sont celles qui se produisent et s'imposent comme le prix d'un

qui s'y rattachent. Conclusion de cette époque : Les titres nobiliaires héréditaires sont contraires au principe de l'égalité.

De 1790 au Directoire, — mêmes lois, mêmes conclusions.

Du Directoire au Consulat, — la législation et l'opinion n'ont point varié.

Sous le Consulat et dans les premières années de l'empire, — la législation est encore la même, malgré certains tempéramments dans l'application.

Sous l'empire de 1806 à 1814, — l'empereur, entrevoyant le parti qu'il peut tirer des distinctions comme moyen de récompenses, cherche à concilier les titres nobiliaires avec les idées égalitaires en créant une *noblesse démocratique*.

En 1814, — le gouvernement de la Restauration ne dissimule pas ses tendances aristocratiques ; il rétablit dans ses titres la noblesse ancienne et réserva pour elle ses faveurs ; — l'opinion publique en prit ombrage.

En 1815, — l'empereur, à son retour de l'île d'Elbe comprit, à l'attitude de l'opinion, que la concesssion faite aux idées aristocratiques en 1806 avait été une faute, il donna satisfaction au sentiment général en abolissant la noblesse.

Après Waterloo, depuis 1815 à 1830, elle est rétablie. Le gouvernement, tout habile qu'il fut à ménager l'opinion, réagissait contre les idées égalitaires, — C'était le gouvernement de la noblesse et du clergé.

De 1830 à 1848, — les idées libérales prédominent; le gouvernement écoute et subi l'empire de l'opinion. — Les titres de noblesse sont laissés à qui veut les prendre.

En 1848, — la réaction contre l'aristocratie est encore plus prononcée, les titres de noblesse sont abolis.

Le gouvernement depuis a réagit contre ce que la république de 1848 avait eu de trop exagéré, mais sans trop affirmer sur ce point ses véritables tendances.

Quoi qu'il en soit, sur huit gouvernements à politique tranchée, un seul a, nettement et sans varier, déclaré que les titres de noblesse ne sont point contraires aux mœurs de la France, et ne blessent point le sentiment qu'elle a de l'égalité ; — ça été le gouvernement intéressé de la noblesse.

Les sept autres, interprètes plus vrais de l'opinion publique, ont plus ou moins affirmé le contraire.

Qui faut-il croire et que conclure ?... Que l'opinion publique a, sept fois sur huit, décidé que ces titres froissent ses sentiments. — Que peuvent à cela les arguments et les théories ? — *Res judicata pro veritate habetur.*

plaisir ou d'une satisfaction ; — elles sont d'autant plus productives que les objets qu'elles atteignent sont plus vivement recherchés.

On ne contestera pas en France l'empire de la vanité, et moins encore son avidité pour les destinations honorifiques.

Il n'y a donc pas à mettre en doute la certitude d'une augmentation considérable dans le produit des droits de sceau lorsqu'ils seront *la seule condition* de l'obtention *des titres de noblesse*. — Il y a moins à en douter encore si l'on tient compte de cette situation que, *refusés à ceux qui seront sous le poids d'une condamnation déshonorante*, la crainte de passer pour fripon sera plus alors que la vanité le mobile de leur recherche et diminuera pas suite le ridicule de leur obtention.

Ces points établis, on peut d'avance prévoir ce qu'il en sera.

La France compte quarante millons d'habitants.

Evaluons à douze millons le nombre de ceux qui, par suite d'indifférence ou de défaut d'intérêt, ne feront aucun cas des titres nobiliaires ; — portons à trois millions le nombre des indigents auxquels il serait fait remise des droits, et à un million celui des indignes de l'art. 4 ; — ces chiffres sont peut-être exagérés, n'importe ; — il restera vingt-cinq millions pour le nombre de ceux que leur intérêt rendra tributaires de la taxe ; — et ce chiffre n'a rien de déraisonnable, si l'on veut bien d'abord considérer que non-seulement les pères de famille, pour eux et leurs enfants, les veufs et les veuves et les célibataires des deux sexes, demanderont des titres de noblesse, mais encore les hommes mariés pour leurs femmes, afin de relever par les deux branches l'origine de leur postérité ; et tenir compte ensuite du nombre des naissances annuelles.

La moyenne des droits étant ainsi de 125 fr., (1) nous aurons pour total du produit possible des droits de sceau le chiffre énorme de trois milliards de francs.

Fallut-il dix ans pour le réaliser, ce qui dépendrait des dispositions plus ou moins faciles de l'opinion à entrevoir pour l'avenir, les bienfaits de l'égalité sociale par l'annoblissement général, ce serait encore une augmentation annuelle de près de trois cent millions dans le produit des droits de sceau.

(1) Si l'on tient compte de cette éventualité que ceux qui prendront des titres, prendront aussi la particule, il faut porter la moyenne à 145 fr. — ce qui donnerait près de 3 milliards encore, en réduisant à vingt milllons seulement le nombre de ceux qui seront tributaires de la taxe ; — avec les droits de transmissibilité ce chiffre pourrait s'élever à près de huit milliards. —

Ici, une objection peut être faite : — *les titres avilis ne seront plus recherchés par personne.*

Je pourrais d'abord me borner à répondre que si cela pouvait être, rien ne serait changé à la situation et qu'il n'y aurait dès lors aucune espèce d'inconvénient à tenter l'épreuve, — mais le projet a trop à gagner à la discussion des difficultés qu'on lui oppose pour se contenter des considérations qui les tournent sans les résoudre.

Les titres avilis cesseront d'être recherchés, cette assertion est aussi inexacte dans sa première partie qu'aventurée dans la seconde.

Les titres avilis, comment ?. par *leur nombre* ? ce serait faire bon marché de l'honneur des vieux parchemins que de n'attribuer qu'à leur *rareté* l'estime que leur accorde l'opinion publique.

Par la *condition pécuniaire* ? mais la plupart des anciens titres, et des plus respectés encore, n'ont pas été autrement acquis, — nul n'ignore que Louis XIV, ainsi que ses prédécesseurs, concédait les titres de noblesse moyennant finances, pour remplir le trésor épuisé par ses prodigalités.

Non, on les considérera comme avilis par la perte de leur caractère *de privilége aristocratique*. — La coterie peut-être qui s'en prévaut si fort aujourd'hui ? mais, j'ai peine à croire qu'elle puisse sur ce point en convaincre la bourgeoisie.

C'est moins ici en effet une question d'appréciation qu'une question de principes. — Les idées reçues et les préjugés ne sauraient dès lors faire prévaloir des prétentions qui n'ont à opposer, comme *avantage*, que le médiocre honneur qui peut rejaillir sur le pays des titres de noblesse, et comme *inconvénient*, que ce qu'il aurait à y perdre si on leur enlevait le caractère *d'aristocratie* qui les distingue, — prétentions dont le dernier mot, dégagé de circonlocution veut dire : la noblesse avant tout, rayons 89 de l'histoire et rendez-nous nos priviléges.

La bourgeoisie n'a pas à avoir pour la noblesse plus de ménagements que la noblesse n'en a pour nos institutions. Elle ne peut faire surtout aux petits-fils de ceux qui l'ont opprimée, des concessions qui condamneraient les ancêtres de son indépendance et les principes qu'ils ont proclamés. — Entre la grande charte de ses droits et les petites chartes de leur vanité, l'hésitation n'est pas permise, elle ne le serait pas davantage, en admettant, ce qui n'est pas, que l'avilissement des unes pût jamais être un sacrifice nécessaire à la grandeur de l'autre.

Mais telle n'est pas, Dieu merci, l'alternative de la situation ni la conséquence de la mesure : — j'en appelle ici à la bonne foi de ceux chez qui l'esprit de parti ne prédomine pas l'esprit de justice ; — est-ce bien avilir en vérité le titre de noblesse que de leur enlever ce caractère de *privilége* incompatible avec nos mœurs et nos institutions? — Est-ce les avilir que de les convertir en lettres-patentes de l'honneur et de la considération, n'est-ce pas au contraire les relever au niveau de l'estime publique qui commence à se retirer d'eux? — *honnêteté passe noblesse :* — que la France ait à se prononcer et l'on verra lequel prévaudra à ses yeux de l'homme qui grandit son nom par sa propre gloire ou de celui qui n'a pour dissimuler sa nullité que le souvenir écrasant de ses trop illustres ancêtres !

N'importe, ajoutera-t-on, *la crainte du ridicule* modérera sur ce point plus qu'on ne pense l'affluence de la bourgeoisie, *les titres seront moins recherchés* par elle.

C'est une erreur et un préjugé. — Le ridicule qui a raison aujourd'hui contre les bourgeois-gentilhommes serait après le décret un anachronisme impuissant : — Cessant d'être des hochets de la vanité pour devenir les signes de l'honorabilité privée, les titres nobiliaires n'auront rien perdu de leur faveur, et leur recherche aura alors pour mobile un sentiment trop respectable pour prêter au ridicule : — on peut bien rire des prétentions de M. Jourdain, mais je ne comprendrai pas qu'on pût exciter la risée en voulant passer pour honnête homme et ne pas être pris pour un repris de justice. — Je ne parle pas des fonctionnaires qui seraient forcés de se se pourvoir d'un titre pour être maintenus dans leurs fonctions ; — (art. 4).

Quoiqu'il en soit, et à part la période de transition ou se produira peut-être un peu d'hésitation, il n'y a pas à mettre en doute un seul instant les prompts résultats de la réduction des droits de sceaux. — La presse, d'ailleurs, est là pour préparer sur ce point l'opinion publique, et dissiper les scrupules exagérés . (1) — Les préjugés seraient combattus et l'on ne tarderait pas à se faire aux qualifications nobiliaires comme on s'est fait aux qualifications de simples convenances qui sont aujourd'hui acceptées sans embarras dans toutes les classes de la société (2).

Dans tous les cas et si, contre toute attente, tels ne devaient pas être les résultats de cetteréduction, comme elle ne changerait rien à l'état des choses, il n'y aurait aucun inconvénient à tenter l'épreuve, ainsi que je l'ai déjà fait observer précédemment.

(1) L'exemple des fonctionnaires, leur influence, et aussi les proclamations du gouvernement, ramèneront facilement sur ce point l'opinion publique et referont son éducation. L'élan une fois donné, tout le monde, dans les villes surtout, demandera des titres quand ça ne serait que pour faire pièce, comme on dit, à ceux qui en sont si fiers.

(2) Les dénominations de Monsieur et de Madame étaient autrefois réservées pour les personnes d'une certaine condition. — Elles sont aujourd'hui vulgaires. Il en serait ainsi avant 10 ans des titres de noblesse.

DEUXIÈME RÉSULTAT.
Dissolution du parti légitimiste.

Les titres nobiliaires sont plus en France un signe de ralliement et l'occasion de former un parti, que l'insigne du mérite et du patriotisme.

Il n'est en effet si mince particulier, porteur de particule qui, n'interprétant le dicton de *noblesse oblige* dans ce sens qu'elle *oblige à être légitimiste,* ne se croit obligé, pour se donner un plus sérieux vernis de noblesse, à être partisan du droit divin.

Un parti n'est que parce qu'il a sa raison d'être, — la raison d'être d'un parti est toujours un but de satisfaction pour les intérêts de ses adhérents.

Si habile que soit le parti légitimiste à le dissimuler sous des sentiments fort respectables d'ailleurs de fidélité et de reconnaissance pour une famille qui compte les *nobles pour tout* et la bourgeoisie *pour rien*, il faudrait être bien aveugle pour ne pas entrevoir ce que poursuit son ambition : — La Restauration de 1815, à défaut de tout autre précédent, est là pour nous en instruire : —

Son but n'est et ne peut être que le rétablissement *de la noblesse* comme *institution privilégiée*.

« La noblesse ancienne reprendrait encore ses titres, la nouvelle conserverait les siens » et ceux qui en posséderaient, seraient *seuls nobles* et profiteraient *seuls des priviléges de l'institution*.

Ne serait-ce pas rendre un pareil but radicalement impossible, que de placer dans les droits *de tous* les titres mêmes du privilége? — Lorsqu'il n'y aurait plus en France que des *nobles*, la noblesse ne pourrait être ni une *distinction* ni le *signe* d'*un parti*. La dissolution volontaire et sans contrainte du parti légitimiste ne paraît être ainsi le résultat inévitable de la réduction des droits de sceau. —

TROISIÈME RÉSULTAT.
Elévation du niveau de la dignité individuelle.

Rien ne distingue aujourd'hui dans la vie sociale un honnête homme d'un homme déshonoré ; — les condamnations infamantes ne laissent de traces que dans les sommiers et les casiers judiciaires ou le souvenir des témoins.

Il n'en sera plus ainsi par l'application du § 2 de l'art. 4 du projet, car suivant qu'ils seront ou non précédés d'une qualification nobiliaire (titre ou particule), les noms manifesteront l'honorabilité ou l'infamie ; — il est dès lors facile de pressentir l'empire qu'exerceront, dans l'intérêt de la morale, de la dignité humaine et des mœurs, la crainte de perdre ces signes publics de la probité et l'espoir de les reconquérir pour ceux qui s'en seraient rendus temporairement indignes.

Les souvenirs de fierté, de patriotisme et d'honneur que conservent les titres de noblesse ne seront pas d'ailleurs ici sans influence.: — la répugnance naturelle des contrastes choquants, aussi bien que la satisfaction de voir s'accorder les qualités avec les titres, concourront en effet à cet heureux résultat de disposer ceux qui les auront obtenus à conformer sans cesse leur conduite aux vertus traditionnelles qu'ils supposent et à justifier la noblesse de leur nom par la noblesse de leurs sentiments et de leur conduite.

Et sous cette influence favorable s'élèvera insensiblement le niveau de la dignité individuelle, pendant que les mœurs y gagneront en élégance et en douceur.

QUATRIÈME RÉRULTAT.

L'aristocratie du talent remplacera l'aristocratie héréditaire.

Lorsqu'il n'existera plus entre les citoyens aucune de ces distinctions honorifiques qui entretiennent entre eux des causes imméritées de préférence, des catégories blessantes et des germes de divisions, lorsqu'il n'y aura plus, ainsi que le disait la constitution du 3 septembre 1791, d'autres distinctions possibles que celle des *vertus ou des talents*, et lorsque les citoyens seront tous également nobles comme ils sont également égaux, alors surgira du milieu de la foule annoblie une aristocratie bien autrement vraie et bien autrement respectable que l'aristocratie héréditaire, *l'aristocratie du génie et du dévouement à la chose publique*. — Il serait oiseux d'insister davantage sur ce point. — L'art. 3 la prévoit d'ailleurs et réserve pour elle des titres particuliers de distinctions.

Dans l'empire romain, le titre de *citoyen romain* était un titre de supériorité et de noblesse, la dénomination de Barbare un signe d'infériorité et de servage ;—pour mettre fin aux abus, aux difficultés qui en résultaient pour les sujets de l'empire, Caracalla étendit à tous le titre ambitionné de *citoyen romain* et rétablit ainsi l'égalité et la concorde.

C'est une mesure analogue que j'ai l'honneur de soumettre à l'approbation de Votre Majesté ; —

Je suis avec le plus profond respect,

Sire,

Votre très-humble et très-fidèle serviteur et sujet.